L'HABITATION MODERNE

Société d'Habitations à bon marché
des personnels de la Ville de Paris, du Département de la Seine
et des Communes suburbaines.

Préfecture de la Seine, Préfecture de Police, Assistance publique, Octroi, Mont-de-Piété, Enseignement, Mairies, Voirie, Pompes funèbres, Halles et Marchés, Services municipaux divers (gaz, électricité, métropolitain, eaux, omnibus, tramways, etc.)

— ‒ ✦ ‒ —

SOCIÉTÉ ANONYME COOPÉRATIVE A CAPITAL VARIABLE
7.500.000 francs au 1er avril 1925
Approuvée par arrêté ministériel du 16 juin 1905.

I0122250

— ‒ ✦ ‒ —

SIÈGE SOCIAL : 29, rue Violet, à PARIS

—————ᴠᴠ﮽ᴠ—————

Compte rendu
de l'Assemblée ordinaire et extraordinaire
du 29 mars 1925.

—————✦‹✧✧›✦—————

Prix : Deux francs

—————————

PARIS
IMPRIMERIE ET LIBRAIRIE CENTRALES DES CHEMINS DE FER
IMPRIMERIE CHAIX
SOCIÉTÉ ANONYME AU CAPITAL DE TROIS MILLIONS
Rue Bergère, 20
1925

8° R
24038

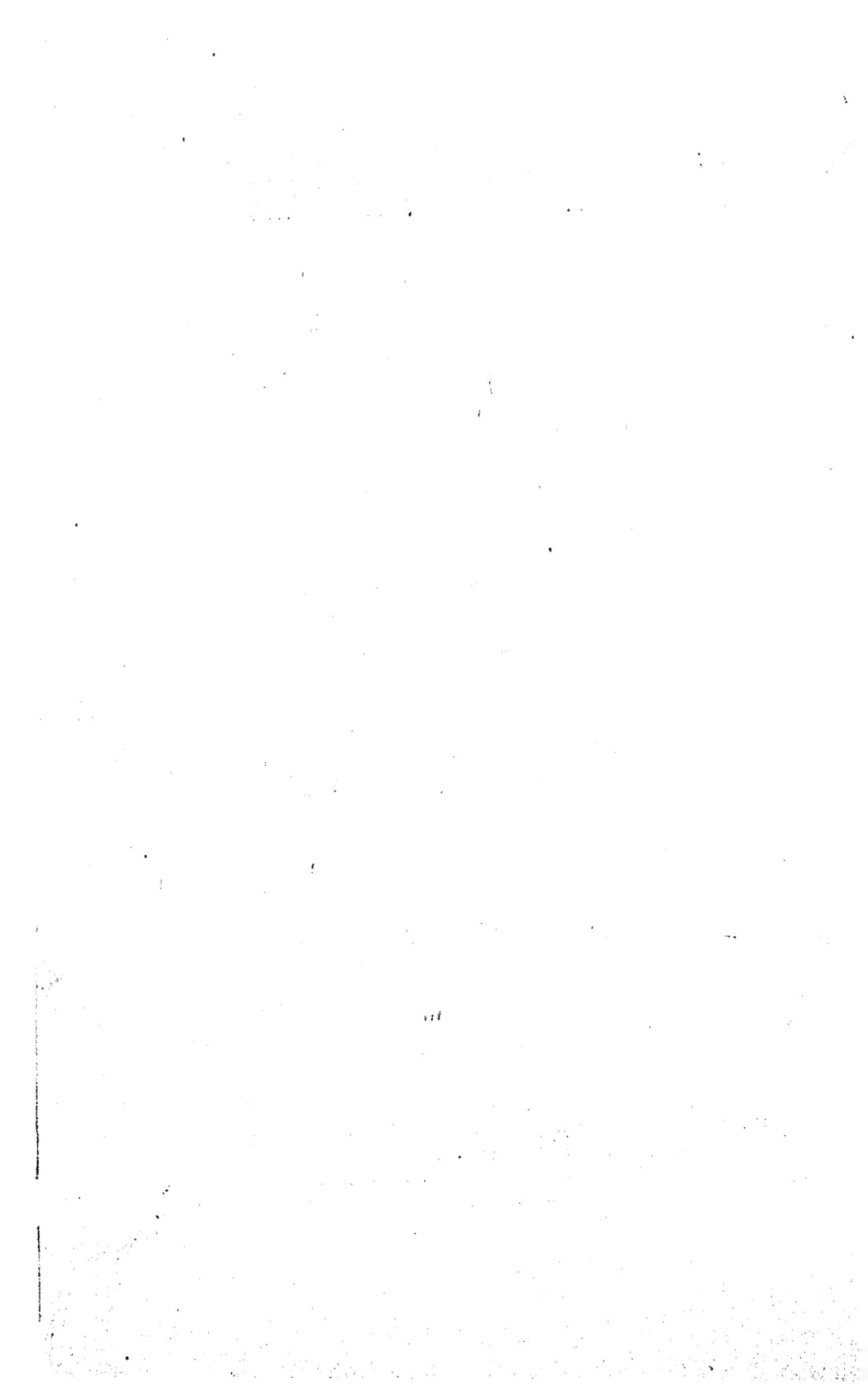

vii

L'HABITATION MODERNE

Société d'Habitations à bon marché
des Personnels de la Ville de Paris, du Département de la Seine,
des Communes suburbaines et des Services assimilés.

ASSEMBLÉE GÉNÉRALE ORDINAIRE ET EXTRAORDINAIRE
du dimanche 29 mars 1925.

L'an mil neuf cent vingt-cinq, le vingt-neuf mars, les actionnaires de la Société l'*Habitation Moderne* se sont réunis en Assemblée générale ordinaire et extraordinaire à l'Hôtel de la Société
d'Horticulture de France, 84, rue de Grenelle, sur convocation
du Conseil d'administration, en date du 1er mars 1925.

La séance est ouverte à neuf heures et demie, sous la prési-
dence de M. Auguste Tarrin, Président du Conseil d'administration.

M. Etevenon, Inspecteur général de l'Habitation, mandaté par
M. le Préfet de la Seine pour représenter la Ville de Paris et le
Département de la Seine, et M. Sellerin sont désignés comme
assesseurs; M. Piolé est désigné comme secrétaire.

Le Président fait constater à l'Assemblée qu'il résulte de la
feuille de présence (signée par les actionnaires lors de leur entrée
en séance et certifiée par les membres du bureau) que 429 actionnaires, possédant ensemble 57.999 actions, sont présents ou
représentés. L'Assemblée réunissant ainsi plus des trois quarts
du capital social est déclarée régulièrement constituée pour déli-
bérer ordinairement et extraordinairement.

Il communique à l'Assemblée un exemplaire légalisé et enre-
gistré du *Bulletin Municipal Officiel de la Ville de Paris* en date
du 10 mars 1925, contenant l'avis de convocation.

Le Président rappelle que l'ordre du jour de l'Assemblée est
ainsi conçu :

1° Rapport du Conseil d'administration ;

2° Rapport des Commissaires de surveillance ;

3° Examen et approbation, s'il y a lieu, des comptes de l'exercice 1921 ;

4° Vérification et approbation d'apports immobiliers ;

5° Fixation du dividende (4 0/0) et de la bonification pour charges de famille (0,20 0/0 par enfant âgé de moins de 16 ans) ;

6° Constatation de l'augmentation du capital social et des déclarations de souscription et de versement ;

7° Autorisation de porter le capital social à 7.500.000 francs ;

8° Autorisation d'emprunter à la Caisse des Dépôts et Consignations et à la Caisse nationale des Retraites.

9° Résolutions diverses.

10° Renouvellement partiel du Conseil d'administration ;

11° Nomination de deux Commissaires de surveillance.

Le Secrétaire donne lecture du rapport suivant du Conseil d'administration :

Rapport du Conseil d'administration

MESDAMES, MESSIEURS,

Nous avons l'honneur de vous rendre compte de notre dix-septième exercice social et de vous soumettre les comptes de la Société arrêtés au 31 décembre 1921.

Le bilan se présente de la façon suivante :

I. — Balance.

	SOLDES DÉBITEURS		SOLDES CRÉDITEURS	
Capital souscrit *(a)*. . . . . Fr.	»	»	6.876.600	»
Capital souscrit et non versé *(b)*	4.929.833	»	»	»
Dépôts.	»	»	165.688	45
Disponibilités :				
Chèques postaux	28.116	»	»	»
Caisse	75	35	»	»
Crédit Municipal	395.610	70	»	»
Caisse Nationale des Retraites.	1.000.000	»	»	»
C. D. C.	2.679	»	»	»
Caisse d'Epargne	30.861	55	»	»
Portefeuille (Valeurs mobilières déposées à la C. D. C.)	481.911	60	»	»
Terrain à Paris.	34.500	»	»	»
Immeubles loués avec promesse d'attribution (180) . . .	6.527.600	»	»	»
Immeubles en cours de construction	36.501	85	»	»
Prêts hypothécaires (168)	5.024.060	95	»	»
Immeubles attribués (106) *(c)*	»	»	»	»
Emprunts :				
Caisse d'Epargne (20.000 francs) *(d)*.	»	»	»	»
Caisse des Dépôts et Consignations (774.500 francs) . . .	»	»	161.000	»
Caisse Nationale des Retraites (9.738.000 francs)	»	»	9.511.400	»
Mobilier et Matériel	3.500	»	»	»
Débiteurs divers	43.482	80	»	»
Créanciers divers.	»	»	609.111	95
Subventions	»	»	1.000	»
Frais généraux.	28.051	05	»	»
Loyers, Intérêts	»	»	157.018	35
Taxes d'entrée.	»	»	1.218	»
Ouvertures de crédit	»	»	1.037.641	70
Bonifications pour charges de famille	»	»	4.499	»
Frais notariés d'emprunts (8.500 francs) *(e)*	»	»	»	»
Réserve légale	»	»	13.649	20
Réserve extraordinaire	»	»	27.960	20
Frais de constitution (5.000 francs) *(f)*	»	»	»	»
TOTAL. . . . . . Fr.	18.566.786	85	18.566.786	85

a) Capital souscrit par les actionnaires locataires . . . . Fr. 6.527.600 } 6.876.600
Capital souscrit par les actionnaires simples 349.000

b) Capital versé par les actionnaires locataires. . . . . 1.601.946 } 1.946.767
Capital versé par les actionnaires simples. 344.821

c) 106 immeubles d'une valeur de 1.012.900 francs.

d) Entièrement remboursé.

e, f) Entièrement amortis.

II. — Bilan.

ACTIF

Disponibilités . . . . Fr.	1.457.342 60
Capital souscrit et non versé.	4.929.833 »
Mobilier et matériel	3.500 »
Immeubles individuels	6.527.600 »
Terrain à Paris.	34.500 »
Prêts hypothécaires.	5.024.060 95
Immeubles en cours de construction	36.501 85
Débiteurs divers	43.482 80
Portefeuille	481.914 60
	Fr. 18.538.735 80

PASSIF

Capital social . . . . Fr.	6.876.600 »
Créanciers divers.	609.111 95
Dépôts.	165.688 45
Emprunts C. D. C.	161.000 »
Emprunt C. N. R.	9.511.460 »
Ouvertures de crédit	1.037.641 70
Bonifications pour charges de famille	4.499 »
Réserve légale.	13.649 20
Réserve extraordinaire.	27.960 20
Excédent d'actif	131.185 30
	Fr. 18.538.735 80

III. — Compte de Profits et Pertes.

DÉBIT		CRÉDIT	
Amortissement des Frais généraux	28.051 05	Subventions . . . . . . Fr.	1.000 »
Amortissement « Mobilier et Matériel »	3.500 »	Loyers et intérêts	157.018 35
Solde	127.685 30	Taxes d'entrée	1.218 »
	Fr. 159.236 35		Fr. 159.236 35

IV. — Répartition proposée.

Dividende 4 0/0 . . . . Fr.	65.747 95
Réserve légale	3.096 85
Provision pour dépréciation des valeurs en portefeuille	30.000 »
Bonifications pour charges de famille	8.000 »
Réserve extraordinaire	20.840 50
TOTAL . . . . . Fr.	127.685 30

V. — Réserves de la Société au 31 décembre 1924.

Réserve légale (13.649 20 + 3.096 85) . . . . Fr.	16.746 05
Réserve extraordinaire (27.960 20 + 20.840 50)	48.800 70
Provision pour dépréciation des valeurs en portefeuille	30.000 »
TOTAL . . . . Fr.	95.546 75

Ce relevé général vous a d'ailleurs été envoyé à domicile ; mais nous allons vous fournir quelques détails complémentaires.

Capital social.

Le capital social était, au 1er janvier 1925, de 6.876.600 francs et le nombre des sociétaires de 573.

Ce capital comprend une souscription de 175.000 francs du Conseil général de la Seine et une souscription de 100.000 francs du Conseil municipal de Paris.

Nous avons obtenu du Département de la Seine une nouvelle souscription de 75.000 francs d'actions et de la Ville de Paris une nouvelle souscription de 150.000 francs d'actions ; mais ces sommes ne seront encaissées qu'en 1925.

Immeubles loués.

La Société est propriétaire des cent quatre-vingts immeubles ci-dessous désignés, d'une valeur de 6.527.600 francs, loués avec promesse d'attribution :

Ces 6.527.600 francs se décomposent ainsi :

Terrains . . . . Fr.	995.700	»
Assurances en cas de décès	549.300	»
Constructions (prix moyen 27.700 francs). . .	4.982.600	»
Fr.	6.527.600	»

à Villeneuve-le-Roi, rue de Choisy-le-Roi, 37 bis (parc de la Faisanderie), d'une contenance de 304ᵐ,56 (5 francs le mètre) ;

à Joinville-le-Pont, avenue des Lilas, n° 33 (domaine de Polangis), d'une contenance de 274 mètres (8 francs le mètre) ;

à Herblay, rue Sainte-Honorine, d'une contenance de 649 mètres (4 francs le mètre) ;

à Sèvres, 43, rue de Brancas, d'une contenance de 150 mètres (11 francs le mètre) ;

à Drancy, route des Petits-Ponts, d'une contenance de 351 mètres (5 francs le mètre) ;

à Choisy-le-Roi, rue Berlioz, n° 4, d'une contenance de 200 mètres (6 francs le mètre) ;

à Pomponne (Seine-et-Marne), avenue des Champs-Élysées, d'une contenance de 1.310 mètres (2 francs le mètre) ;

à Joinville-le-Pont (domaine de Polangis), avenue des Lilas, n° 31, d'une contenance de 313 mètres (8 francs le mètre) ;

au Kremlin-Bicêtre, rue de l'Annexion, n° 52, d'une contenance de 200 mètres (7 francs le mètre) ;

à Nanterre, rue du Vieux-Pont, 18, d'une contenance de 243 mètres (*5 francs le mètre*);

à Saint-Maurice, rue Decorse, n° 24, d'une contenance de 180 mètres (*25 francs le mètre*);

à Suresnes, sente des Nouvelles, d'une contenance de 209m,50 (*4 francs le mètre*);

à Champigny, avenue de la Fourchette, n° 13, d'une contenance de 150 mètres (*6 francs le mètre*);

à Villejuif, rue de Thiais, d'une contenance de 166m,69 (*4 francs le mètre*);

à Drancy, route des Petits-Ponts, n° 161, d'une contenance de 191 mètres (*5 francs le mètre*);

à Enghien, rue Alphonse-Haussaire, n° 7, d'une contenance de 203m,55 (*18 francs le mètre*);

à Brévannes, 42, route de Sucy-Valenton, d'une contenance de 2.600 mètres (*2 francs le mètre*);

à Choisy-le-Roi, rue des Frères-Reclus, n° 13, d'une contenance de 150 mètres (*4 francs le mètre*).

à Bourg-la-Reine, rue des Rosiers, n° 5, d'une contenance de 127m,60 (*10 francs le mètre*);

à Colombes, avenue Nicolas-Gillet, n° 13, d'une contenance de 191m,40 (*10 francs le mètre*);

à Vitry-sur-Seine, rue Talma, n° 11, d'une contenance de 320 mètres (*10 francs le mètre*);

au Kremlin-Bicêtre, rue Étienne-Dolet, n° 11, d'une contenance de 261 mètres (*19 francs le mètre*);

à Sainte-Geneviève-des-Bois (Seine-et-Oise), route de Longpont, n° 31, d'une contenance de 238m60 (*3 francs le mètre*);

à Vélizy, rue de Grenelle, n° 17, d'une contenance de 479m50 (*6 francs le mètre*);

à Soisy-sous-Montmorency, rue du Chemin-Vert 63, d'une contenance de 731m,50 (*5 francs le mètre*);

à Clamart, 9, rue Louis-Guespin, d'une contenance de 289 mètres (*17 francs le mètre*);

à Vitry, rue Arago, 23, d'une contenance de 251 mètres (*7 francs le mètre*);

à Choisy-le-Roi, 18, rue Eugène-Pelletan, d'une contenance de 216m,18 (*11 francs le mètre*);

à Noisy-le-Grand, 37, rue Richardet, d'une contenance de 633m,10 (*4 francs le mètre*);

à Draveil, 8, avenue de Paris, d'une contenance de 950 mètres (*6 francs le mètre*);

à Vitry-sur-Seine, 17, rue Franklin, d'une contenance de 468m,28 (*20 francs le mètre*);

à Vitry, 72, avenue de Rouilly, d'une contenance de 673 mètres (*10 francs le mètre*);

à Villeneuve-le-Roi, avenue Soupault, n° 30, d'une contenance de 480 mètres (*15 francs le mètre*);

à Sartrouville, rue Franklin, n° 00, d'une contenance de 1.000 mètres (*3 francs le mètre*);

à Villejuif, Voie-de-Gentilly, d'une contenance de 950 mètres (*4 francs le mètre*);

à Villejuif, rue Étienne-Dolet, n° 12, d'une contenance de 806m,60 (*5 francs le mètre*);

à Deuil, rue de la Chevrette, 136, route de Saint-Denis, d'une contenance de 399m,70 (*10 francs le mètre*);

à Fontenay-aux-Roses, route du Plessis, d'une contenance de 550 mètre (*12 francs le mètre*);

à Montrouge, rue de la Vanne, n° 12, d'une contenance de 238m,40 (*15 francs le mètre*);

à Gagny, rue des Sports, d'une contenance de 422m,83 (*10 francs le mètre*);

à Villeneuve-le-Roi, avenue de la Faisanderie, n° 49, d'une contenance de 730 mètres (*15 francs le mètre*) ;

à Villeneuve-le-Roi, rue Thiers, n° 54, d'une contenance de 384 mètres (*18 francs le mètre*) ;

à Asnières, boulevard Voltaire, n° 436 *bis*, d'une contenance de 285 mètres (*25 francs le mètre*) :

à Malakoff, impasse Paul-Bert, n° 46, d'une contenance de 132m,06 (*35 francs le mètre*) ;

à Gagny, chemin de l'Étoile, d'une contenance de 900 mètres (*5 francs le mètre*) ;

à Choisy-le-Roi, rue des Frères-Reclus, n° 23, d'une contenance de 395 mètres (*15 francs le mètre*) ;

à Ris-Orangis, route Nationale, n° 93, d'une contenance de 360 mètres (*10 francs le mètre*) ;

à Neuilly-sur-Marne, 8, impasse René, d'une contenance de 400 mètres (*3 francs le mètre*) ;

à Villeneuve-le-Roi, rue du Coteau, n° 47, d'une contenance de 435 mètres (*12 francs le mètre*) ;

au Kremlin-Bicêtre, rue des Panoramas, n° 13, d'une contenance de 331 mètres (*9 francs le mètre*) ;

à Villejuif, rue de la Saussaie, n° 40, d'une contenance de 427 mètres (*8 francs le mètre*) ;

à Villejuif, rue Raspail, n° 28, d'une contenance de 152 mètres (*30 francs le mètre*) ;

à Villejuif, impasse Jean-Jaurès, n°   , d'une contenance de 289m,35 (*10 francs le mètre*) ;

à Issy, 18, rue de Paris, d'une contenance de 259m,75 (*16 francs le mètre*) ;

à Neuilly-sur-Marne, 13, rue Foulques, d'une contenance de 361m,38 (*7 francs le mètre*) ;

à Nogent-sur-Marne, 54, rue de Plaisance, d'une contenance de 234 mètres (*22 francs le mètre*) ;

à Sartrouville, rue des Rosiers, d'une contenance de 312 mètres (*20 francs le mètre*) ;

à Villejuif, rue de la Saussaie, d'une contenance de 591 mètres (*12 francs le mètre*) ;

à Fontenay-aux-Roses, 5, chemin du Stand, d'une contenance de 357 mètres (*20 francs le mètre*) ;

à Sartrouville, rue des Rosiers, d'une contenance de 323 mètres (*20 francs le mètre*) ;

à Beauchamp, avenue de Bessancourt, d'une contenance de 791 mètres (*7 francs le mètre*) ;

à Beauchamp, avenue de Pierrelaye et boulevard de la Gare, d'une contenance de 790 mètres (*10 francs le mètre*) ;

à Villeneuve-le-Roi, 18, rue Ampère, d'une contenance de 360 mètres (*8 francs le mètre*) ;

à Villejuif, rue des Villas, d'une contenance de 337 mètres (*11 francs le mètre*) ;

à Colombes, 14, rue François-Ier, d'une contenance de 92 mètres (*40 francs le mètre*) :

à Neuilly-Plaisance, rue Edgard-Quinet, n° 46, d'une contenance de 425 mètres (*14 francs le mètre*),

à Sartrouville, 118, rue Hortense-Foubert, d'une contenance de 854 mètres (*8 francs le mètre*) ;

à Asnières, 90, rue Defresne-Bast, d'une contenance de 268 mètres (*15 francs le mètre*) ;

à Villejuif, rue de la Saussaie, d'une contenance de 591 mètres (*15 francs le mètre*) ;

à Thiais, 7, villa Pasteur, d'une contenance de 496 mètres (*14 francs le mètre*) ;

à Villejuif, avenue de la République, d'une contenance de 315 mètres (*15 francs le mètre*) à Joinville, avenue Arago, n° 21, d'une contenance de 358 mètres (*12 francs le mètre*) ;

à Vitry, avenue de la République, n° 9, d'une contenance de 200 mètre (*23 francs le mètre*) ;

à Colombes, 55, rue du Sud, d'une contenance de 313 mètres (*10 francs le mètre*) ;

à Saint-Maur, rue de Tunis, d'une contenance de 210 mètres (*20 francs le mètre*) ;

à Nanterre, rue des Alouettes, d'une contenance de 310 mètres (*10 francs le mètre*) ;

à Montrouge, rue de la Vanne, d'une contenance de 117 mètres (*70 francs le mètre*) ;

à Montrouge, rue de la Vanne, d'une contenance de 117 mètres (*70 francs le mètre*) ;

à Eaubonne, impasse Madeleine, d'une contenance de 800 mètres (*5 francs le mètre*) ;

à Neuilly-sur-Marne, 18, rue Foulques, d'une contenance de 520 mètres *9 francs le mètre*) ;

à Houilles, chemin des Marinières, d'une contenance de 736 mètres (*1 francs le mètre*) ;

à Villejuif, avenue de la République, d'une contenance de 282 mètres (*21 francs le mètre*) ;

à Villejuif, 23, rue Damont, d'une contenance de 289 mètres (*20 francs le mètre*) ;

à Villejuif, 25, rue Damont, d'une contenance de 289 mètres (*20 francs le mètre*) ;

à Enghien, 28, rue des Pères, d'une contenance de 295 mètres (*10 francs le mètre*) ;

à Pavillons-sous-Bois, 16, allée Robillard, d'une contenance de 325 mètre (*20 francs le mètre*);

à Arcueil, 3, rue du Vieux-Chemin de Villejuif, d'une contenance de 1.000 mètres (*6 francs le mètre*) ;

à Thiais, rue Jean-Jaurès, n° 70, d'une contenance de 871 mètres (*8 francs le mètre*) ;

à Colombes, 6 *ter*, allée des Sycomores (avenue Madeleine), d'une contenance de 225 mètres (*10 francs le mètre*) ;

à Antony, chemin de Morteaux (sentier de Berny), d'une contenance de 627 mètres (*11 francs le mètre*) ;

à Villeneuve-le-Roi, avenue Béatrice, n° 99, d'une contenance de 621 mètres (*20 francs le mètre*) ;

à Châtenay, rue Sainte-Geneviève, n° 30, d'une contenance de 337 mètres (*30 francs le mètre*) ;

à Romainville, rue Paul de-Kock, n° 2) bis, d'une contenance de 250 mètres (*18 francs le mètre*) ;

à Bourg-la-Reine, rue Élie Le Gallais, n° 11, d'une contenance de 600 mètres (*20 francs le mètre*) ;

à Villebon, rue de Genève, n° , d'une contenance de 400 mètres (*1 francs le mètre*) ;

à Villejuif, rue de la Saussaie, n° 30, d'une contenance de 401ᵐ 10 (*23 francs le mètre*) ;

à Villejuif, rue de la Saussaie, n° 32, d'une contenance de 409ᵐ 70 (*23 francs le mètre*) ;

à Saint-Maur, avenue Galliéni, n° 38, d'une contenance de 533ᵐ 82 (*10 francs le mètre*) ;

à Viroflay, 21, avenue des Combattants, d'une contenance de 190 mètres (*12 francs le mètre*) ;

à Vitry, avenue de Rouilly, n° 136, d'une contenance de 310 mètres (*18 francs le mètre*) ;

à Vitry, rue Faidherbe, n° , d'une contenance de 120 mètres (*25 francs le mètre*) ;

à Antony, avenue François-Molé (place du Paradis) d'une contenance de 1.301 mètres (*1 francs le mètre*) ;

à Montreuil, boulevard Jeanne-d'Arc, n° 58, d'une contenance de 317 mètres (*30 francs le mètre*) ;

à Cachan, avenue Carnot, rue A, n° 8, villa Sinette, d'une contenance de 200^m,61 (*35 francs le mètre*) ;

à Choisy-le-Roi, rue Darthée, n° 37, d'une contenance de 292^m40 (*21 francs le mètre*) ;

à Choisy-le-Roi, rue Payen, n° 7, d'une contenance de 531^m,63 (*19 francs le mètre*) ;

à Villejuif, rue Victor-Hugo, n° 23 *bis*, d'une contenance de 182^m75 (*35 francs le mètre*) ;

à Joinville quai de Polangis, n° 60, d'une contenance de 336^m,50 (*11 francs le mètre*) ;

à Bagneux, rue de la Lisette, n° 6, d'une contenance de 214 mètre (*9 francs le mètre*) ;

à Sceaux, boulevard Desgranges, n° 60, d'une contenance de 393 mètres (*6 francs le mètre*) ;

à Villeneuve-Saint-Georges, rue du Château, n° 20, d'une contenance de 503^m,10 (*14 francs le mètre*) ;

à Athis-Mons, Grande-Rue, n° 121, d'une contenance de 820 mètres (*7 francs le mètre*) ;

à Epinay-sur-Seine, rue des Larrys, n° 31, d'une contenance de 427 mètre (*13 francs le mètre*) ;

à Bagnolet, rue Michelet, n° 4, d'une contenance de 100 mètres (*67 francs le mètre*) ;

à Clamart, rue Hébert, n° 51, d'une contenance de 133^m,70 (*50 francs le mètre*) ;

à Choisy-le-Roi, rue de la Paix, n° 3, d'une contenance de 308 mètres (*15 francs le mètre*) ;

à Villejuif, chemin Rural 53, n° 1, donnant rue du Moulin-Saquet, d'une contenance de 445 mètres (*5 francs le mètre*) ;

à Clamart, rue Denis-Gogue, n° 62, d'une contenance de 398 mètres (*27 francs le mètre*) ;

à Villejuif, avenue de Vitry, n° 71, d'une contenance de 476^m 60 (*19 francs le mètre*) ;

à Montreuil, rue Desgranges, n° 22, d'une contenance de 151 mètres (*30 francs le mètre*) ;

à Antony, rue de Reims, n° 46, d'une contenance de 330 mètres (*10 francs le mètre*) ;

à Bagneux, rue d'Arcueil, n° 35, d'une contenance de 274^m,01 (*25 francs le mètre*) ;

à Sceaux, rue de la Marne, n° 23, d'une contenance de 235^m,08 (*35 francs le mètre*) ;

à Thorigny, rue du Temple, n° , d'une contenance de 768 mètres (*7 francs le mètre*) ;

à Rosny-sous-Bois, chemin de la Péronne, n° 11, d'une contenance de 711^m,28 (*5 francs le mètre*),

à Vitry, rue Constant-Coquelin, n° 85, d'une contenance de 708^m,80 (*19 francs le mètre*) ;

à Orly, allée des Bluets, n° 6, d'une contenance de 338 mètres (*6 francs le mètre*) ;

à Vitry, rue Alfred-de-Musset, n° 12, d'une contenance de 153^m,50 (*10 francs le mètre*) ;

à Bourg-la-Reine, avenue du Château, n° 10, d'une contenance de 307^m,70 (*25 francs le mètre*) ;

à Villejuif, rue Jean-Jacques-Rousseau, n° 19, d'une contenance de 210^m,20 (*15 francs le mètre*) ;

à Joinville, avenue de l'Ile, n° 72, d'une contenance de 430 mètres (*18 francs le mètre*) ;

à Villemomble, rue Pascal, n° 1, d'une contenance de 300 mètres (*18 francs le mètre*) ;

à Sarcelles, rue des Buttes, d'une contenance de 126 mètres (*13 francs le mètre*) ;

à Saint-Cloud, rue Henri-Regnault, n° 18, d'une contenance de 526 mètres (*22 francs le mètre*);

à Colombes, rue de Villers prolongée, n° 18, d'une contenance de 123m10 (*60 francs le mètre*);

à Sceaux, rue de Bagneux, n° 11, d'une contenance de 610 mètres (*12 francs le mètre*);

à Puteaux, rue Hoche, n° 19, d'une contenance de 360 mètres (*30 francs le mètre*);

à Puteaux, rue Bernard-Palissy, n° 23 *bis*, d'une contenance de 279 mètres (*28 francs le mètre*);

à Aubervilliers, rue Nicolas-Lemoine, n° 3 (rue des Entrepreneurs), d'une contenance de 232m89 (*25 francs le mètre*);

à Fresnes, rue Nouvelle (route de Versailles, n° 62), d'une contenance de 576 mètres (*13 francs le mètre*);

à l'Hay-les-Roses, rue des Saussaies, n° 9, d'une contenance de 331m 04 (*16 francs le mètre*);

à l'Hay-les-Roses, voie de Chalais n° 11 (chemin vicinal n° 3), d'une contenance de 351 mètres (*17 francs le mètre*);

à Malakoff, rue Latérale, n° , d'une contenance de 193m 15 (*28 francs le mètre*);

à Cachan, rue des Jardins, n° 23, d'une contenance de 230 mètres (*20 francs le mètre*);

à Stains, rue de Champchevrier, n° , d'une contenance de 378m,32 (*18 francs le mètre*);

à Boulogne, boulevard de la République, n° 51, d'une contenance de 158m,64 (*80 francs le mètre*);

à Clamart, allée du Bel-Air, n° 4 (avenue Marguerite-Renaudin, n° 214), d'une contenance de 172m,26 (*55 francs le mètre*);

à Vitry, rue de l'Argonne, n° , d'une contenance de 410m 43 (*30 francs le mètre*);

à Paris, villa Marceau, n° 6 (rue du Général-Brunet, n°), d'une contenance de 153m,10 (*60 francs le mètre*);

à Clamart, rue Nouvelle (avenue Marguerite-Renaudin, n° 210), d'une contenance de 229m,04 (*55 francs le mètre*);

à Vitry, rue de Salonique, n° , d'une contenance de 321m,13 (*30 francs le mètre*);

à Clamart, allée Beausoleil, n° 10 (avenue Marguerite-Renaudin n° 201), d'une contenance de 231m 04 (*28 francs le mètre*);

à Rosny, rue de la Côte-des-Chênes, n° 37, d'une contenance de 153 mètres (*20 francs le mètre*);

à Rueil, avenue de la République, n° 31, d'une contenance de 377m,60 (*11 francs le mètre*;

à Neuilly-sur-Marne, rue du Général-Schmitt, n° 20, d'une contenance de 342 mètres (*10 francs le mètre*);

à Maisons-Alfort, rue de Tours, n° 10, d'une contenance de 369m 60 (*12 francs le mètre*);

à Saint-Denis, rue de Chantilly, n° 6, d'une contenance de 172m 54 (*10 francs le mètre*);

à Gennevilliers, avenue Laurent-Cély, n° 93, d'une contenance de 611 mètres (*10 francs le mètre*);

à Sceaux, route de Bourg-la-Reine à Fontenay, n° 65, d'une contenance de 300 mètres (*22 francs le mètre*);

à Sceaux, route de Bourg-la-Reine à Fontenay, n° 65 *bis*, d'une contenance de 300 mètres (*21 francs le mètre*):

à Maisons-Alfort, rue de Tours, n° 15, d'une contenance de 255 mètres (13 francs le mètre);

à Sceaux, rue Jacqueline, n° 8, d'une contenance de 245 mètres (21 francs le mètre);

à Thiais, voie de la Vache, d'une contenance de 604™ 50 (12 francs le mètre);

à Clamart, rue de la Galié, n° 7, d'une contenance de 667™ 90 (9 francs le mètre);

à Plessis-Bouchard, rue Frédéric-Gaillardet, n° , d'une contenance de 810 mètres (11 francs le mètre);

à Brunoy, rue des Faisans, n° , d'une contenance de 610 mètres (12 francs le mètre);

à Fontenay-aux-Roses, rue des Sablons, n° 36, d'une contenance de 423 mètres (16 francs le mètre);

à Fontenay-aux-Roses, rue de l'Abbé Grandjean, n° 3, d'une contenance de 448 mètres (8 francs le mètre);

à Maisons-Alfort, rue de l'Avenir, n° 17, d'une contenance de 263™ 16 (20 francs le mètre);

à Maisons-Alfort, rue de Marseille, n° 36, d'une contenance de 297™ 20 (10 francs le mètre);

à Clamart, passage Hévin, n° 15, d'une contenance de 183™ 55 (40 francs le mètre);

à Malakoff, rue Étienne-Dolet, n° 12, d'une contenance de 129™ 84 (50 francs le mètre);

à Orly, allée des Mimosas, n° 5, d'une contenance de 513 mètres (15 francs le mètre);

à Villejuif, avenue de la République, n° 21, d'une contenance de 126™ 61 (35 francs le mètre);

au Perreux, rue de Verdun, n° 63, d'une contenance de 550 mètres (20 francs le mètre);

au Perreux, rue de Verdun, n° 63, d'une contenance de 325 mètres (20 francs le mètre):

à Choisy-le-Roi, rue Darthé, n° 32 ter, d'une contenance de 235™ 08 (35 francs le mètre);

à Vanves, rue du Clos-Montholon, n° 4, d'une contenance de 690 mètres (18 francs le mètre);

à Saint-Maur, avenue Didier, n° , d'une contenance de 304 mètres (28 francs le mètre);

à Clamart, rue des Roissys, n° , d'une contenance de 423™ 20 (30 francs le mètre).

Le capital versé sur les actions possédées par ces cent quatre-vingt actionnaires-locataires s'élevait, au 31 décembre 1924, à 1.601.946 francs.

Caisse.

Les espèces en caisse s'élevaient au 31 décembre 1924 à 75 fr. 35 c.

Chèques postaux.

Notre compte de chèques postaux n° 6875 présentait un solde de 28.116 francs.

Crédit Municipal de Paris.

Le solde de notre compte n° 2027 d'après notre Comptabilité
s'élevait à . . . . Fr.   395.610 70
Mais ce solde doit être augmenté de 86.074 80
montant de 22 chèques délivrés par nous fin
décembre et que les bénéficiaires n'ont encaissé que
dans les premiers jours de 1925.

Ce qui nous donne un total de . . . . . . Fr.   481.685 50
égal au chiffre indiqué par le Crédit Municipal.

Caisse d'Épargne de Paris.

Notre livret de la Caisse d'Épargne de Paris n° 92862 présentait
un solde de 30.861 fr. 55 c.

Caisse des Dépôts et Consignations.

Nos disponibilités à la Caisse des Dépôts et Consignations s'élevaient à 2.679 francs, solde de notre compte de dépôts au crédit
duquel sont inscrits les revenus des valeurs mobilières que nous
avons déposées dans les caisses de cet Établissement.

Caisse Nationale des Retraites.

Au 31 décembre, nous n'avions encore fait aucun prélèvement
sur les deux derniers prêts de 700.000 et 300.000 francs qui nous
avaient été consentis.

Prêts hypothécaires.

A la fin de l'exercice écoulé nous avions déjà consenti cent
soixante-huit prêts hypothécaires d'ensemble 5.214.800 francs,
sur lesquels il nous restait à débourser au 31 décembre
1.037.641 fr. 70 c., chiffre qui constitue le solde du compte
« Ouvertures de crédit ».

Sur les 5.214.800 francs prêtés, 190.739 fr. 05 c. nous avaient été remboursés au 31 décembre 1924.

Ces 5.214.800 francs ont été ainsi employés :

Frais des actes notariés . . . . Fr.	76.400	»
Primes d'assurance en cas de décès	558.500	»
Constructions (prix moyen 27.200 francs). . .	4.579.900	»
Fr.	5.214.800	»

Immeubles attribués.

Sept immeubles ont été attribués au cours de l'exercice, ce qui porte le nombre des attributions faites depuis la fondation de la Société à 106 représentant une valeur de 1.012.900 francs.

Ces opérations ne figurent plus dans notre comptabilité.

Assurances temporaires en cas de décès.

Au 31 décembre 1924, le montant des primes payées par notre Société à la Caisse nationale d'assurance en cas de décès s'élevait à 1.151.400 francs; c'est un acte de prévoyance très lourd pour nos sociétaires-locataires et nos emprunteurs hypothécaires.

Ces assurances ont donné lieu à l'encaissement de 62.680 francs à la suite du décès de nos sociétaires Bajoue, Dorveaux, Hachard, Monsalier, morts pour la France, et de leurs camarades Cottel, Gogue, Justice, Marthe et Boudier.

Maison collective.

En ce qui concerne le terrain situé à Paris, avenue Émile-Zola, n° 139, d'une contenance de 118m,82, sa valeur figure dans notre bilan, au 31 décembre 1924, pour 34.500 francs.

Nous avions pensé que l'élévation du taux maximum pourrait nous permettre de réaliser cette opération, mais le chiffre de 1.310 francs fixé pour les logements des maisons collectives par la Chambre des Députés le 28 février 1925 — non encore ratifié par le Sénat — correspond seulement à un prix de revient de 32.750 francs ; or, il nous est matériellement impossible, dans les circonstances actuelles, de faire édifier à ce prix les logements que nous avions prévus; nous allons cependant examiner plusieurs hypothèses et nous vous rendrons compte de nos travaux.

Subventions.

Le Conseil Municipal de Paris et le Conseil Général de la Seine nous ont accordé deux subventions de 500 francs. Nous renouvelons nos plus sincères remerciements aux membres de ces deux Assemblées; c'est à notre demande que les subventions ont été ramenées à ce chiffre.

Portefeuille.

Les valeurs mobilières possédées par la Société au 31 décembre 1924 et représentées par des récépissés de dépôt à la Caisse des Dépôts et Consignations, sont les suivantes :

4 obligations Ville de Paris 1871	331.270 472.834 989.469 1.067.628		
4 obligations Ville de Paris 1919	2.792.157 à 2.792.160	4 obligations Ville de Paris 1921	36.113 à 36.116

Nous avons fait vendre par la Caisse des dépôts et consignations les trente-six autres obligations de la Ville de Paris, afin d'augmenter nos ressources de trésorerie, un retard important ayant été apporté à l'agrément d'une demande de prêt que nous avions adressée.

BIBLIOTHÈQUE

2

130 obligations du Crédit National 1919 5 0/0

556.201			4.567.719		
722.076	à	081	4.903.274	à	277
886.211	et	212	5.050.035	à	037
1.667.172	et	173	5.345.373	à	381
1.889.384	et	385	5.345.415	à	425
2.527.144	à	146	5.773.191	à	193
2.565.585	à	589	5.999.996	à	600
2.803.778	à	791	7.616.250	à	261
2.927.296	à	315	7.693.593	et	594
3.378.665			7.693.709	à	731
4.527.966					

Les obligations 772.076 à 081 sont sorties au tirage du 2 mars 1925, remboursables à 600 francs et ont été remplacées par six autres dont la Caisse des Dépôts et Consignations ne nous a pas encore fait connaître les numéros.

130 obligations Crédit National 1920 5 0/0

1.196.598	et	599	3.087.042	à	046
1.493.328	à	350	4.002.340	à	344
1.569.508	à	527	4.002.485	à	489
1.569.633	à	637	4.363.125	à	132
1.965.655	à	664	4.984.142		
2.392.856			7.054.133	à	142
2.485.625	à	634	7.427.866	à	877
2.649.326	à	335	7.894.787	à	789

130 bons à lots Crédit National 1921 6 0/0

302.579	à	382	4.038.598	à	617
486.446	à	448	4.086.298	et	299
552.406	à	409	4.088.866	à	868
552.411	et	412	4.134.166	à	170
2.102.387			4.302.982		
2.283.869	et	870	4.413.885	et	886
2.283.891	à	894	4.650.042		
2.402.411	et	412	4.413.885	et	886
2.485.000			4.820.440	et	441
2.510.706			4.966.861	à	872
2.532.530	et	531	5.099.565	et	566
2.638.247	et	248	5.256.074	à	077
2.912.212	et	213	5.329.893	et	894
3.062.099			5.354.671	à	688
3.126.595			5.452.513	et	514
3.127.200	et	201	5.569.244		
3.329.859	et	860	5.607.547	à	556
3.589.403	à	405	5.886.173	à	175

130 bons Crédit National février 1922 6 0/0

3.795.253	à	270	3.795.477	à	486
3.795.278	à	331	3.795.497	à	516
3.795.362	à	386			

130 bons Crédit National juillet 1922 6 0/0

451.651			2.446.130	à	135
825.627			2.519.716	à	721
854.955	à	960	2.640.191	à	207
914.485	et	486	4.518.416		
924.604	à	741	5.216.120	à	129
1.274.040	à	043	5.217.971	et	972
1.281.660			5.406.833	à	841
1.283.762	et	763	5.958.355		
1.699.381	à	392	6.359.011		

260 bons Crédit National 6 0/0 janvier 1923

526.623	et	624	3.953.944	à	948
1.082.248			4.218.406	à	420
1.279.566	et	567	4.218.463	à	481
1.566.331			4.368.631	et	632
1.663.583			5.270.957	à	961
2.318.559	à	573	5.322.380	à	387
2.642.024			5.483.401	à	530
2.642.029	à	043	5.641.601	à	618
2.810.841	et	842	5.861.048	à	058
2.838.456			5.906.673	et	674
3.111.344			5.977.068	à	070

130 bons Crédit National 6 0/0 juin 1923

717.907	à	912	2.582.824	à	828
1.013.109	à	115	2.968.247	à	279
1.667.716			3.484.422	à	449
1.742.830	à	833	3.706.087	à	090
1.757.479	à	516	3.977.636	à	639

Leur valeur figure à notre bilan pour 481.914 fr. 60 c.

La valeur actuelle de ces titres, au cours de la Bourse, étant sensiblement inférieure à leur valeur d'achat, nous vous proposerons d'ouvrir un compte « Provision spéciale » et de le doter, dès cette année, de 30.000 francs.

Emprunts.

I. — Au 31 décembre 1924, le montant de notre dette à 3,25 0/0 envers la Caisse des dépôts et consignations s'élevait à 161.000 francs.

Voici le tableau d'amortissement de ces 161 .000 francs :

1er février 1925. . . 27.500 francs.	1er février 1929. . . 25.500 francs.
— 1926. . . 28.500 —	— 1930. . . 13.000 —
— 1927. . . 28.000 —	— 1931. . . 9.000 —
— 1928. . . 29.500 —	

II. — En ce qui concerne l'emprunt de 1905 contracté avec la Caisse d'épargne de Paris, il est complètement amorti.

III. — Sur les 9.738.000 francs prêtés par la Caisse nationale des retraites, dont 1 million de francs non encore encaissé au 31 décembre 1924, nous avions remboursé à cette dernière date 226.600 francs.

Les échéances du million de francs non encore encaissé n'ont pas encore été déterminées; quant au complément de 8.511.400 francs, il est exigible aux dates ci-dessous :

31 mars 1925 . . . 106.800 francs.	30 sept. 1937 . . . 207.200 francs.
30 sept. — . . . 143.400 —	31 mars 1938 . . . 142.600 —
31 mars 1926 . . . 109.400 —	30 sept. — . . . 214.600 —
30 sept. — . . . 148.400 —	31 mars 1939 . . . 142.200 —
31 mars 1927 . . . 112.800 —	30 sept. — . . . 221.200 —
30 sept. — . . . 151.800 —	31 mars 1940 . . . 147.000 —
31 mars 1928 . . . 116.000 —	30 sept. — . . . 228.400 —
30 sept. — . . . 156.800 —	31 mars 1941 . . . 151.800 —
31 mars 1929 . . . 120.200 —	30 sept. — . . . 235.800 —
30 sept. — . . . 161.000 —	31 mars 1942 . . . 156.200 —
31 mars 1930 . . . 123.000 —	30 sept. — . . . 243.200 —
30 sept. — . . . 166.200 —	31 mars 1943 . . . 161.200 —
31 mars 1931 . . . 126.400 —	30 sept. — . . . 251.200 —
30 sept. — . . . 171.000 —	31 mars 1944 . . . 156.000 —
31 mars 1932 . . . 130 800 —	30 sept. — . . . 259.400 —
30 sept. — . . . 176.600 —	31 mars 1945 . . . 161.200 —
31 mars 1933 . . . 135.200 —	30 sept. — . . . 268.000 —
30 sept. — . . . 182.600 —	31 mars 1946 . . . 166.000 —
31 mars 1934 . . . 126.600 —	30 sept. — . . . 275.400 —
30 sept. — . . . 188.600 —	31 mars 1947 . . . 166.600 —
31 mars 1935 . . . 130.800 —	30 sept. — . . . 266.200 —
30 sept. — . . . 194.600 —	31 mars 1948 . . . 160.200 —
31 mars 1936 . . . 134.600 —	30 sept. — . . . 231.800 —
30 sept. — . . . 200.600 —	31 mars 1949 . . . 126.800 —
31 mars 1937 . . . 138.000 —	30 sept. — . . . 119.000 —

Ces prêts sont garantis par le département de la Seine, en conformité de la délibération prise par le Conseil général de la Seine, le 24 décembre 1913.

Nous sommes en instance depuis deux mois pour obtenir un nouveau prêt de 3.500.000 francs; mais le retard de la décision nous a mis dans l'obligation de suspendre nos opérations.

Dépôts.

Le compte Dépôts présente un solde créditeur de 165.688 fr. 45 c. pour la souscription de nouvelles actions.

Le solde de ce compte devrait être beaucoup plus élevé si un certain nombre de sociétaires ne se trouvaient en retard dans l'observation de leurs engagements; nous vous présenterons à cet égard un projet de résolution à l'appui duquel nous vous donnerons quelques explications complémentaires.

Frais généraux.

Voici le détail des frais généraux supportés par la Société en 1924 :

Impressions diverses, papeterie . . . . Fr.	3.246 10
Musée social, Société française H. B. M., Fédération, Congrès et frais de l'Assemblée de 1924	410 »
Loyer, chauffage, éclairage, téléphone, concierge, assurance contre l'incendie	2.981 55
Timbres-poste, timbres-quittances, frais de chèques postaux, papier timbré	1.835 30
Dépenses du Conseil d'administration et de la Commission de surveillance	2.966 20
Administration et direction	16.591 60
ENSEMBLE . . . . . Fr.	28.051 05

Avantages particuliers de la Société.

Actuellement, les Sociétés de crédit immobilier avancent des fonds aux conditions suivantes :

à 3,50 0/0 aux familles ayant moins de 3 enfants.
à 3,25 0/0 — ayant 3 enfants.
à 2,50 0/0 — — 4 —
à 2,25 0/0 — — 5 — et plus.

Or, nos baux étant consentis au taux de 3,25 0/0, alors que nous allouons à nos sociétaires un dividende de 4 0/0 sur les sommes qu'ils ont à leur actif, ce taux de 3,25 0/0 se trouve ainsi ramené, en fait, à un chiffre inférieur à 3 0/0.

Pour les prêts hypothécaires, le taux est de 3 0/0.

Mais nos actionnaires-locataires et nos emprunteurs hypothécaires bénéficient d'une bonification pour charges de famille qui a pour conséquence de ramener le taux à :

2,80 0/0 si le sociétaire a 1 enfant âgé de moins de 16 ans.
2,60 0/0 — 2 enfants âgés de moins de 16 ans.
2,40 0/0 — 3 — —
2,20 0/0 — 4 — —
2 » 0/0 — 5 — —

Ces taux sont sensiblement inférieurs à ceux pratiqués par les autres organismes.

Pour l'exercice 1924, les bonifications accordées pour charges de famille atteignent le chiffre de 12.070 francs.

Programme.

En 1924, nous avons pu réaliser cent soixante-dix opérations; nous pourrions exécuter au cours de la présente année un programme beaucoup plus important si les prêts que nous solliciterons nous sont accordés dans un délai beaucoup plus rapide; mais nous éprouvons quelque appréhension à ce sujet; et le nombre des opérations pourra diminuer aussi du fait que les maxima de valeur locative vont très probablement être relevés, ce dont nous ne pouvons que nous féliciter.

En effet, si le Sénat ratifie le vote émis par la Chambre des Députés le 28 février 1925 (art. 379 bis de la loi de finances), les maxima actuels seront modifiés comme suit *pour les immeubles situés dans la Ville de Paris et dans la banlieue de la Ville de Paris, dans un rayon de 30 kilomètres* à compter du point de départ du kilométrage des routes nationales :

A. — Maisons comprenant trois pièces habitables ou plus de neuf mètres superficiels au moins avec cuisine et W.-C., et ayant une superficie totale d'habitation entre les murs et cloisons d'au moins quarante-cinq mètres carrés, 1.872 francs, correspondant à un prix de revient de 39.300 francs.

B. — Maisons comprenant deux pièces habitables de neuf mètres superficiels au moins avec cuisine et W.-C. et ayant une superficie totale d'habitation entre les murs et cloisons d'au moins trente-cinq mètres carrés, 1.310 francs, correspondant à un prix de revient de 32.750 francs.

Les chiffres ci-dessus pourront d'ailleurs être augmentés d'un cinquième par pièce supplémentaire de neuf mètres superficiels au moins, à la condition que la maison de quatre pièces habitables soit destinée à une famille comprenant, au moment de l'entrée en jouissance, six personnes au moins, dont quatre enfants ou pupilles de la Nation, âgés de moins de seize ans.

Nous devons, d'autre part, augmenter nos propres ressources pour les raisons suivantes :

Nos sociétaires, demandeurs de maisons, versent le cinquième du montant de l'opération qu'ils envisagent — nous considérons qu'il est presque impossible d'exiger d'eux un versement supérieur — et l'État nous prête sept dixièmes du montant desdites opérations.

Notre Société se trouve donc en présence d'un découvert de un dixième pour chaque opération !

Pour parer à cette difficulté nous vous demandons de redoubler d'efforts, par une propagande constante, en vue d'obtenir des souscriptions d'actions de la part de collectivités ou de particuliers désireux de coopérer à l'œuvre que nous avons entreprise.

En résumé, notre mode de fonctionnement et de gestion peut être avantageusement comparé à celui des autres Sociétés, de quelque nature qu'elles soient. (*Vifs applaudissements.*)

Pour le Conseil d'administration,

Le Secrétaire :
PIOLÉ.

RAPPORT DE MM. GRESLAT ET MOULIERAT

Commissaires de Surveillance.

M. Greslat donne lecture du rapport de la Commission de surveillance :

MESDAMES, MESSIEURS,

Conformément au mandat que vous nous avez confié, nous avons procédé à la vérification des comptes et livres de la Société.

L'examen de ces documents nous a permis d'en constater l'exactitude, ainsi que la parfaite concordance des chiffres y figurant avec ceux portés au bilan qui vous a été adressé et dont les détails viennent de vous être communiqués.

Nous vous proposons, en conséquence, de donner votre approbation complète, tant aux comptes qui vous sont soumis qu'à la répartition suivante qui vous est proposée par le Conseil d'administration :

Dividende 4 0/0 . . . . Fr.	65.747 95
Réserve légale.	3.096 85
Provision pour dépréciation des valeurs en portefeuille	30.000 »
Bonifications pour charges de famille .	8.000 »
Réserve extraordinaire	20.840 50
TOTAL. . . . Fr.	127.685 30

Apports immobiliers.

M. Sellerin donne ensuite lecture du rapport établi par lui et son collègue, M. Barrieu, chargés par l'Assemblée générale du 30 mars 1924 de vérifier les apports immobiliers pouvant être faits à la Société au cours de l'exercice.

Un seul apport a été effectué par M. Lapeyre, d'un terrain sis à Clamart, d'une valeur de 11. 600 francs.

Communication.

Le Président fait ensuite la communication suivante :

Messieurs,

Nous avons reçu la lettre suivante de M. Gattefossey, Chef de bureau honoraire de l'Assistance publique, ancien actionnaire-locataire de notre Société.

Vaucresson, le 1er mai 1924.

Mon Cher Président et ami,

Je vous adresse 505 francs en vous priant de m'inscrire pour cinq actions de l'Habitation Moderne.

Je désire, et aussi longtemps que je le pourrai, que les intérêts de cette somme soient encaissés au profit de la Société; vous laissant libre d'en faire tel usage que vous voudrez.

Je suis heureux que le relèvement de ma retraite me permette de vous donner ce témoignage de reconnaissance et je n'ai qu'un regret, c'est de ne pouvoir faire davantage.

Veuillez croire, mon cher Président et ami, à mes sentiments dévoués.

Signé : GRATTEFOSSEY.

Nous renouvelons à notre camarade les vifs remerciements que nous lui avons adressés en votre nom et nous voulons espérer que ce geste généreux servira d'exemple.

Le revenu de ces actions a été porté au crédit du compte de notre sociétaire Le Nestour, qui a huit enfants. *(Marques d'approbation)*.

RÉSOLUTIONS

Après l'échange de différentes observations, les résolutions suivantes sont successivement soumises à l'Assemblée et adoptées à l'unanimité.

I. — L'Assemblée reconnaît sincères et véritables les déclarations de souscriptions et de versements qui ont permis de porter le capital social à 6.876.600 francs, représenté par 68.766 actions de 100 francs souscrites par 573 sociétaires.

II. — L'Assemblée, après avoir entendu le rapport spécial qui lui est présenté par MM. Sellerin, et Barrieu déclare ratifier l'apport du terrain de 423ᵐ20, sis à Clamart, rue des Roissis, fait par M. Lapeyre, chef paveur à la Ville de Paris, en échange de 116 actions de la Société, entièrement libérées, nᵒˢ 44.000 à 44.115, suivant acte reçu par Mᵉ Bourdel, notaire à Paris, le 7 février 1924.

III. — L'Assemblée désigne MM. Sellerin et Barrieu, qui acceptent, pour vérifier les apports immobiliers qui pourront être faits à la Société au cours de l'exercice 1925 et pour présenter un rapport à l'Assemblée générale.

IV. — L'Assemblée générale, après avoir entendu les rapports du Conseil d'administration et des Commissaires de surveillance sur l'exercice écoulé du 1ᵉʳ janvier au 31 décembre 1924, approuve les comptes et bilan de cet exercice, ainsi que les comptes particuliers envoyés aux actionnaires et la répartition des bénéfices proposée par le Conseil d'administration.

Elle fixe, en conséquence à 4 0/0 le montant du dividende de l'exercice clos le 31 décembre 1924.

V. — L'Assemblée générale extraordinaire autorise conformément à la proposition du Conseil d'administration, l'augmentation du capital social à 7.500.000 francs par l'émission de nouvelles actions.

VI. — L'Assemblée générale autorise le Conseil d'administration à contracter, au nom et pour le compte de la Société, avec la Caisse des dépôts et consignations, directement ou comme représentant de l'État, avec ou sans la garantie de la Ville de Paris ou du Département de la Seine, au fur et à mesure de l'augmentation du capital social, un ou plusieurs emprunts et dans la limite d'une somme qui ne pourra excéder le triple du dit capital

social, y compris le montant des emprunts antérieurement con-
tractés, toucher toutes sommes, en donner quittance, fixer le taux
de l'intérêt dont les sommes empruntées seront productives,
convenir du mode et des époques de paiement, tant en capital
qu'en intérêts ; arrêter les charges et conditions sous lesquelles ces
prêts seront faits, stipuler notamment que la Société acquittera,
le cas échéant, tous les impôts et taxes mis ou à mettre sur ces
prêts ; obliger la Société au remboursement et au paiement de
tous intérêts, frais et accessoires, ainsi qu'à l'exécution de toutes
les clauses et conditions arrêtées, consentir toutes hypothèques
sur les immeubles sociaux ; émettre tous titres quelconques en
représentation desdits emprunts et faire généralement tout le
nécessaire.

VII. — L'Assemblée fixe à 0 fr. 20 % par enfant âgé de moins
de 16 ans, le taux de la bonification pour charges de famille, à
allouer pour l'exercice écoulé, sur le taux du loyer ou sur l'intérêt du prêt hypothécaire, aux sociétaires ayant observé stricte-
ment leurs engagements envers la Société.

VIII. — L'Assemblée générale ordinaire et extraordinaire :

Vu les statuts ;

Considérant qu'en aucun cas le sociétaire-locataire ou l'emprunteur hypothécaire ne doit rester devoir à la Société une
somme supérieure au montant du capital garanti par la police
d'assurance en cas de décès ;

Délibère :

Dans le cas où le compte de fin d'année d'un sociétaire-locataire ou d'un emprunteur hypothécaire ferait apparaître un retard
quelconque dans l'exécution de ses engagements, le sociétaire-
locataire ou l'emprunteur hypothécaire supportera un supplé-
ment d'intérêt de deux pour cent sur le montant de son solde
débiteur ou sur la différence pouvant exister entre le montant du
capital garanti par le contrat d'assurance en cas de décès et la
somme restant due par l'intéressé ; toutefois cette clause ne sera

appliquée que lorsque l'écart excéderait la somme de 500 francs.

IX. — L'Assemblée générale ordinaire et extraordinaire :

Vu les statuts;

Vu les décisions antérieurement prises contre les sociétaires V..., Q..., C..., ou ayants droit;

Renouvelle l'exclusion prononcée contre ces sociétaires et invite le Conseil d'administration à poursuivre, par toutes voies de droit, le recouvrement des sommes dues à la Société, par les sociétaires précités ou leurs ayants droit, à provoquer leur expulsion des immeubles sociaux pour le 1er janvier 1926, au plus tard, et à faire vendre ces immeubles par adjudication publique.

X. — L'Assemblée ordinaire et extraordinaire :

Vu la lettre adressée à M. B..., ex-actionnaire de la Société, le 9 février 1924, prononçant son exclusion comme adhérent;

Considérant que M. B... avait remis le 24 mai 1923, pour être transmise à la Caisse des dépôts et consignations, une note matériellement inexacte, par laquelle il annonçait être réformé de guerre et mutilé avec 80 0/0 d'invalidité;

Vu le procès-verbal de l'Assemblée générale du 30 mars 1924, au cours de laquelle, après avoir entendu ses explications, les actionnaires de la Société ont confirmé l'exclusion de M. B..., qui avait déposé une plainte au Parquet, en abus de confiance, contre la Société et son président;

Considérant que M. B... a depuis actionné la Société devant le Tribunal civil;

Délibère :

Le Conseil d'administration est invité à faire des offres réelles à M. B... par ministère d'huissier, pour la somme lui revenant comme solde de son compte de dépôt; et en cas de refus à suivre cette instance par toutes voies de droit, en formulant une demande reconventionnelle pour le préjudice causé à la Société.

XI. — MM. Frédéric, Gilbert et Piolé, membres sortants, sont réélus membres du Conseil d'administration pour quatre années.

MM. Greslat et Mouliérat sont réélus Commissaires de surveillance.

Plusieurs sociétaires signalent à l'Assemblée que la surveillance des travaux a laissé quelque peu à désirer dans certains cas, du fait des architectes, et demandent au Conseil d'administration de prendre toutes mesures utiles en vue de faire rigoureusement observer par les entrepreneurs les clauses et conditions des cahiers des charges.

Le Président répond sur chacun des points signalés et démontre que la vigilance du Conseil d'administration n'a jamais été en défaut.

La séance est levée à onze heures et demie.

Le Président :	*Les Assesseurs :*	*Le Secrétaire :*
A. TARRIN,	ÉTEVENON, SELLERIN,	PIOLÉ,

ANNEXE

Décret du 5 Mai 1914

MINISTÈRE DE L'INTÉRIEUR

LE PRÉSIDENT DE LA RÉPUBLIQUE FRANÇAISE,

Vu la délibération du Conseil général de la Seine en date du 24 décembre 1913;

Vu la loi du 11 février 1914 (art. 6);

Sur le rapport du Ministre de l'Intérieur,

DÉCRÈTE :

ARTICLE PREMIER.

Est approuvée la délibération susvisée, par laquelle le Conseil général de la Seine a décidé d'accorder la garantie du Département, pour le remboursement des prêts qui peuvent être consentis par l'État à la Société d'épargne, de prévoyance et d'habitations à bon marché des personnels de la ville de Paris, du département de la Seine et des communes suburbaines « l'Habitation moderne », dont le siège social est à Paris, 254, rue de la Croix-Nivert.

ART. 2.

Il sera fait face, par un prélèvement sur les ressources générales du budget départemental, à la dépense pouvant, le cas échéant, résulter de l'engagement pris par le Département de la Seine.

ART. 3.

Le Ministre de l'Intérieur est chargé de l'exécution du présent décret qui sera publié au *Journal officiel*.

Fait à Eze, le 5 mai 1914.

R. POINCARÉ.

Par le Président de la République :

Le Ministre de l'Intérieur,

MALVY.

LISTE DES SOCIÉTAIRES

Achard, inspecteur à la Préfecture de Police.

Adam, infirmier à l'asile de Ville-Evrard.

Aicher, inspecteur à la Police judiciaire.

Alet, comptable à la Compagnie générale des Eaux.

Alexandre, mécanicien au Gaz de Paris.

Amiot, gardien de la paix.

Angénieux, employé Gaz de Paris.

Aragon, sous-chef de bureau à la Préfecture de la Seine.

Arbittre, sous-brigadier Octroi de Paris.

Arend (M⁰⁰), femme de service, écoles de la Ville de Paris.

Arnaud (Adrien), dessinateur Gaz de Paris.

Arnaud, expéditionnaire à l'Assistance publique.

Aron, employé C. P. D. E.

Arvin-Bérod (Albert), employé à la T. C. R. P.

Arvin-Bérod (Cyrille), gardien de la Paix.

Ascola, cantonnier.

Audet, sous-brigadier à l'Octroi de Paris.

Auréjac, employé à l'Asile de Maison-Blanche.

Aymard, brigadier à la police judiciaire.

Bacon, instituteur.

Bailly, inspecteur du Service technique de l'Assistance publique.

Balazuc, contrôleur Gaz de Paris.

Bansard, infirmier à l'asile de Villejuif.

Barrieu, employé à la Préfecture de Police.

Barrois, employé à la Compagnie générale des Eaux.

Barteau, inspecteur Gaz de Paris.

Barthélemy, instituteur.

Batot, infirmier à l'hospice de Bicêtre.

Baudin (Mᵐᵉ), professeur à l'Ecole professionnelle Jacquard.

Beaujard, instituteur.

Béligard (Maurice), conducteur municipal.

Béligard (Marcel), piéton Service du Métropolitain.

Bellégo, carrier Carrière des Maréchaux.

Bélud (Gilbert), instituteur.

Bélud (Ernest), piéton au Service de l'Assainissement.

Bélujon (Mᵐᵉ), sténo-dactylographe à l'Assistance publique.

Benoits, chauffeur à la Compagnie générale des Eaux.

Bernard (Francis), infirmier à l'Asile de Ville-Évrard.

Bernard (Marcel), employé à la Compagnie générale des Eaux.

Bernier, gardien de bureau P. S.

Bernon, employé à l'Octroi de Paris.

Berruelle, comptable C. P. D. E.

Berthier, employé aux Perceptions municipales.

Bertille, infirmière hospice de Brévannes.

Besson (Mlle), employée au Crédit Municipal.

Bétin, surveillant Gaz de Paris.

Beugin, instituteur.

Beugnot, chef de bureau T. C. R. P.

Bézier, sous-chef de bureau Gaz de Paris.

Billard (Alexandre), employé E. C. F. M.

Billard (Julien), employé E. C. F. M.

Blaise, instituteur.

Blancard, employé à la Compagnie des Eaux.

Blas, gardien de bureau à l'Assistance publique.

Blin (Mme Ve).

Blondel (Mme), expéditionnaire à la C. P. D. E.

Bodot, mécanicien aux Etuves Municipales.

Bonavita, instituteur.

Bontemps (Mlle), institutrice.

Bos, employé à la C. P. D. E.

Boscher, commis à la Préfecture de la Seine (8e Mairie).

Boudes, employé F. C. F. M.

Boudier, électricien à la C. P. D. E.

Boulai, gardien de la paix.

Boulesteix, secrétaire-adjoint à la Préfecture de la Seine (Conseil général), *Administrateur.*

Boulet, infirmier Asile de Ville-Évrard.

Boullé, employé à l'Assistance publique.

Bourdet, employé à la Compagnie Générale des Eaux.

Bourgeois.

Bourlier, rédacteur principal à l'Octroi de Paris.

Boutin, chef de bureau à la Préfecture de la Seine (7e Mairie), *Vice-Président du Conseil d'administration.*

Briand, infirmier à Brévannes.

Brisse, commis-principal P. S. (Contrôle central).

Broegg, sous-chef de bureau à la Préfecture de Police, *Administrateur.*

Broquet, maître technique V. P.

Brougnoli, sous-chef de bureau C. P. D. E.

Bruslé, surveillant de travaux Gaz de Paris.

Brutiau, instituteur.

Buo, conducteur municipal.

Buchert, infirmier à l'Asile de Ville-Évrard.

Buisson (Charles), électricien à la C. P. D. E.

Burdot, électricien à la C. P. D. E.

Bureau, brigadier à la Police judiciaire.

Burger, employé principal E. C. F. M.

Burte, infirmier à l'Asile de Ville-Évrard.

Buzenet, expéditionnaire P. S.

Campenot, gardien de bureau P. S.

Cantin, instituteur.

Cantone (M⁻ᵉ), institutrice.

Caron, employé à l'Assistance publique.

Carpentier, infirmier à l'Asile de Ville-Évrard.

Carré, employé à la Compagnie Générale des Eaux.

Carrette, employé Gaz de Paris.

Carrié, sergent de pompiers V. P.

Carriot, magasinier à l'asile de Villejuif.

Carton, rédacteur P. S.

Castellani, expéditionnaire à la Préfecture de Police.

Chaboureau, inspecteur à la Compagnie générale des Eaux.

Chalin, employé au Crédit Municipal.

Chambefort, boucher à l'hospice d'Ivry.

Chapuis (Louis), buandier à l'hospice Paul-Brousse.

Chapuis, jardinier à l'Asile de Maison-Blanche.

Chardon, préposé aux Perceptions municipales.

Charles (Frédéric), chef cantonnier, service du Département.

Charles (Jean), employé à la Préfecture de Police.

Charpentier, architecte.

Charrault, gardien de la paix.

Chaumeil, commis expéditionnaire au Crédit Municipal.

Chauvelot, instituteur.
Chelney, employé à la Compagnie du Métropolitain.
Chesneau, inspecteur P. P.

Chevallet, jardinier de la Ville de Paris.

Chevillot, inspecteur P. P.

Chézeau, machiniste T. C. R. P.

Cioille, commis-dessinateur P. S.

Cisterne, gardien de la paix.

Citeau, sous-brigadier à l'Octroi de Paris.

Claudon, employé à l'asile de Villejuif.

Clidat, commis-dessinateur P. S.

Cochet, brigadier de gardiens de la paix.

Cogan, employé à la T. C. R. P.

Colin (Camille), sous-brigadier à l'Octroi de Paris.

Colin (Gaston), gazier Gaz de Paris.

Colin (Georges), employé T. C. R. P.

Collardot, cantonnier au Service départemental.

Collier, régisseur-comptable P. S.

Collinet, professeur d'enseignement technique.

Collombet, cuisinier hospice Brézin.

Combe, commis ambulant à l'Octroi de Paris.

Combrison, magasinier au Service des Eaux.

Copigneaux, sous-ingénieur à la Ville de Paris.

Cornède, commis principal P. S. (Secrét^{at} gén^{al}), *Administrateur.*

Corroy, tailleur à l'asile de Ville-Évrard.

Coutant, gardien de bureau P. S.

Covin, employé à la Compagnie Générale des Eaux.

Coyao, maître-ouvrier à l'École Colbert.

Creux, employé à la Compagnie Générale des Eaux.

Crochu, brigadier de gardiens de la paix.

Curton (Eugène), employé à l'Octroi de Paris.

Curton (Gaston), employé à l'Octroi de Paris.

Daigneau, chauffeur à la Compagnie générale des Eaux.

Dallet, fleuriste à l'A. P.

Dareau, cocher aux Ambulances urbaines.

Darquet, employé à la Compagnie des Eaux.

Dartus, inspecteur à la Préfecture de Police.

Daum, cantonnier à la Ville de Paris.

Daval (Émile), employé à l'Asile de Villejuif.

Daval (Eugène), ouvrier Gaz de Paris.

Debavelaere, plombier Gaz de Paris.

Decreux, employé Octroi de Paris.

Decrombecque, mécanicien Gaz de Paris.

Defretin (Mᵐᵉ), dame dactylographe P. S.

Degeorge, ajusteur T. C. R. P.

Delaporte, instituteur.

Delaroche, employé à l'Octroi de Courbevoie.

Delaunay, contrôleur à la T.C.R.P.

Delavault, gardien de bureau P.S.

Dellieux, instituteur.

Delmart (Mᵐᵉ Vᵉ).

Demaissas, employé à la E.C.F.M.

Demassias (M⁰⁰), infirmière à l'A. P.

Demont, instituteur.

Deneux, rédacteur principal P. S.

Deniau, expéditionnaire P. S.

Département de la Seine.

Dépreux, sous-brigadier Octroi de Paris.

Depres, électricien à la C. P. D. E.

Desaix, jardinier de la Ville de Paris.

Desbordes, sous-brigadier à l'Octroi de Paris.

Desnoyer, employé Octroi de Paris.

Desroseaux, employé Gaz de Paris.

Dibling, professeur à l'École Lavoisier.

Didion, gardien de bureau P. S.

Diet, architecte.

Dilgard, employé au Greffe du Tribunal de Commerce.

Dissat, rédacteur à la Préfecture de Police.

Doublet, employé au Magasin scolaire.

Doumas, machiniste T. C. R. P.

Dromer (M⁰⁰), employée A. P.

Dropsy, sous-brigadier à l'Octroi de Paris.

Dubant, gardien de la paix.

Dubert, instituteur.

Dubois (Henri), employé au Métropolitain.

Dubois (Henri-François-Joseph), ouvrier Gaz de Paris.

Dubois (Pierre), employé à l'hospice Paul Brousse.

Ducartier, employé à la T. C. R. P.

Ducrest (M⁻ᵉ), employée à la Compagnie Générale des Eaux.

Dufour (Maurice), ouvrier à l'Institut des Aveugles.

Dufour (Philibert), cuisinier à l'asile de Villejuif.

Duhaupas, expéditionnaire P. S.

Dumont, instituteur.

Dupuis, maître technique dans les Écoles de la Ville de Paris.

Durand, sergent de ville à Montreuil.

Durdan, conducteur à la C. P. D. E., *Administrateur*.

Durmann, surveillant V. P.

Durpos, cantonnier de la Ville de Paris.

Dutranoy (Mˡˡᵉ), employée T. C. R. P.

Egly, expéditionnaire P. P.

Espeissès, inspecteur de la voirie à Malakoff.

Ezpeleta, employé au Service de l'Approvisionnement des Hôpitaux.

Faucher, expéditionnaire à la C. P. D. E.

Faure, adjoint technique C. P. D. E.

Favechamps, contrôleur Gaz de Paris.

Favre, employé A. P.

Féjard, instituteur.

Féret (Mlle), institutrice.

Férez (Mme), rédacteur P. S.

Ferrasse, contrôleur des mines à l'Inspection des Carrières.

Ferry, employé T. C. R. P.

Fillon, chef égoutier V. P.

Finet, instituteur.

Fittan, boulanger, A. P.

Fleureaux, manœuvre à l'usine de Saint-Maur.

Foa, employé aux Perceptions municipales.

Fortier, employé C. P. D. E.

Fortin, machiniste T. C. R. P.

Fournier, employé Gaz de Paris.

Fournol, commis à l'Octroi de Paris.

Frayssinet, inspecteur à la Préfecture de Police.

Frédério, agent voyer de la ville de Pantin, *Administrateur*.

Fressard, gardien de la paix.

Fromont, porte-mire au Service du Métropolitain.

Froumy, sous-ingénieur V. P.

Fruchon, adjoint technique C. P. D. E.

Führer, commis-dessinateur V. P.

Galan, préposé aux Perceptions municipales.
Gallèpe, instituteur.
Gallet, employé au Crédit Municipal.

Gallien, employé à l'Octroi de Paris.

Galtrand (Mᵐᵉ), infirmière à l'asile de Villejuif.

Garcet, cantonnier V. P.

Garnier, employé E. C. F. M.

Garraud (Mᵐᵉ), surveillante A. P.

Gattefossey, chef de bureau A. P.

Gautier, gardien de la paix.

Gayot (Mˡˡᵉ), institutrice.

Genty, maître technique, écoles de la V. P.

Gétrau, gardien de la paix à Montrouge.

Gibert, gardien de la paix.

Gicquel, infirmier A. P.

Gilbert, instituteur, *Administrateur*.

Gilland, expéditionnaire au Crédit Municipal.

Ginet, employé École Dorian.
Girard, charron Gaz de Paris.
Giraud fils.

Giraud (Mᵐᵉ), infirmière à l'A.P.

Girod, ouvrier Gaz de Paris.

Gironce, gardien de la paix à Montreuil.

Gitton, instituteur.

Godebert, agent technique T. C. R. P.

Gondouin, gardien de bureau P. P.

Gorenflot, électricien à la C. P. D. E.

Goudard, employé C. P. D. E.

Gourdon, chef machiniste T. C. R. P.

Goursaud, commis principal Gaz de Paris.

Gouve, secrétaire-rédacteur au Conseil général de la Seine.

Grallien, machiniste T. C. R. P.

Grandjean, instituteur.
Grenet (Mᵐᵉ), infirmière.
Greslat, rédacteur principal à l'Octroi de Paris, *Commissaire de surveillance*.

Grill, commis-expéditionnaire au Contrôle des Tramways.

Grillot, employé à la Compagnie des Eaux.

Grohan, ouvrier Gaz de Paris.

Grolet, employé Compagnie Générale des Eaux.

Grossin, gardien de bureau P. S.

Guénard, instituteur.

Guéritot, inspecteur à la Préfecture de Police.

Guerre, employé Gaz de Paris.

Guéry, employé Mairie de Clichy.
Guilbaut, infirmier A. P.
Guitton, employé P. P.

Héleine, commis dessinateur P. S.

Helmer, employé à la Compagnie des Eaux, *Administrateur*.

Henry, secrétaire administratif T. C. R. P.

Herbert, infirmier à la Maison de santé de Neuilly-sur-Marne.

Héron, ouvrier A. P.

Hisette, expéditionnaire à la C. P. D. E.

Houldinger, employé à l'Octroi de Paris.

Hoyez, employé à la Mairie de Puteaux.

Hubert, gardien de la paix.

Hugon, employé à l'Octroi de Paris.

Huot (Marcel), garde au cimetière de l'Est.

Huot (Charles), ouvrier Gaz de Paris.

Hyvernault, boiseur Gaz de Paris.

Inglère, chef cantonnier, voirie départementale.

Iûlg (M⁼⁼), institutrice.

Jacquelot, chef électricien C. P. D. E.

Jacquette, instituteur.

Jarrafoux (M⁼⁼), agent de service Écoles Maternelles.

Jeant, sous-ingénieur de la Ville de Paris.
Jobelot, météorologiste V. P.
Joly (Adolphe), chef machiniste T. C. R. P.

Joly (Louis), électricien G. P. D. E.

Jordery, garde à la Bourse des Valeurs.

Jouanneaux, employé P. S.

Jourdain, gardien de la paix.

Juteau, ajusteur-mécanicien à la C. P. D. E.

Kirchhofer, rédacteur Mairie de Romainville.

Kunts, sous-brigadier à l'Octroi de Paris.

Lablanche, tourneur Gaz de Paris.

Labrousse, trieur de pavés V. P.

Lachaud, commis au Crédit Municipal.

Lachiaille, surveillant Gaz de Paris.
Lacombe, gardien de la paix.
Lafay, commis comptable au Service d'Architecture du Département.

Lafeuille, infirmier à l'hospice Paul-Brousse.

Lalauze, commis Gaz de Paris.

Lalouette, instituteur.

Lamézeo, fossoyeur à Nogent.

Lamouroux, commis-dessinateur P. S.

Lancel (M⁰ᵉ), institutrice.

Landois, contrôleur T. C. R. P.

Langlade, expéditionnaire à la Préfecture de la Seine (9ᵉ Mairie).

Langlois, employé au Crédit Municipal.

Langrognet (Mᵐᵉ veuve).

Langrognet (Mˡˡᵉ), institutrice.

Lanniel, inspecteur P. P.

Lapeyre, chef paveur à la Ville de Paris.

Larraud, cantonnier (service départemental).

Lasne, gardien de la paix.

Lasserre, jardinier V. P.

Launay, adjoint technique principal des Travaux de Paris.

Laurent (Mᵐᵉ).

Lavault, mécanicien P. V.

Lavergne, chef cantonnier V. P.

Lavignon, employé P. S.

Lebret (M⁰⁰), institutrice.

Le Bris, infirmier à Ville-Évrard.

Lecerf, employé à l'Octroi de Paris.

Léchevin (Eugène), employé à la commune de Saint-Denis.

Léchevin (Victor), sergent de ville à Montreuil.

Leclerc (Charles), employé Gaz de Paris.

Leclerc (Georges), employé à la Compagnie des Eaux.

Leclerc (Honoré), jardinier à l'Asile de Maison-Blanche.

Leclère, expéditionnaire à la Préfecture de la Seine.

Lecocq, manœuvre Service des Eaux.

Lecomte (Désiré), chauffeur à l'Usine de Clichy.

Lecomte (Georges), électricien à la C. P. D. E.

Lecomte (Jules), expéditionnaire A. P.

Ledoux, électricien.

Le Duo (Léon), ouvrier Gaz de Paris.

Le Duo (Pierre), commis aux Pompes funèbres.

Lefay, infirmier.

Lefebvre (Albert), maître technique Écoles Ville de Paris.

Lefebvre (Louis), commissaire de police.

Le Fresser, sous-brigadier à l'Octroi de Paris.

Legendre, gardien de bureau P. S.

Le Gentil (Mlle), institutrice.

Leger, adjoint technique des Travaux de Paris (Service des Concessions).

Legrand, receveur T. C. R. P.

Lelennier, employé Gaz de Paris.

Lemaréchal, instituteur.

Lenain, contremaître Gaz de Paris.

Le Nestour, plombier à l'Asile de Maison-Blanche.

Lenoble, visiteur de conduites à l'usine de Colombes.

Lepas, aide-magasinier au Crédit Municipal.

Léran, employé à la Préfecture de la Seine (8° Mairie).

Leroux, employé Gaz de Paris.

Leroy, infirmier à l'Asile de Villejuif.

Le Sabazeo, menuisier Gaz de Paris.

Lesage, gardien de la paix.

Lesieur, commis au Crédit Municipal.

Létoffé, empl ... à l'Octroi de Puteaux.

Leullier, employé à l'Asile clinique.

Levesque, mécanicien à l'hôpital Cochin.

Lévy, chef de bureau au Service vicinal du Département.

Ligereau, ouvrier à la Société du Gaz de Paris.

Liovent, employé à l'Assistance publique (Clinique Tarnier).

Lissillour (M⁻ᵉ), surveillante A. P.

Loisel, dessinateur à la Compagnie générale des Eaux.

Loisellier, employé C. P. D. E.

Longuet, architecte.

Lorgnet, inspecteur Gaz de Paris.

Lucoantoni, commis à l'Asile de Maison-Blanche.

Lucchini, gardien de bureau à la Préfecture de la Seine (8ᵉ Mairie).

Luce (M⁻ᵉ), infirmière à la Maison de Santé de Neuilly-sur-Marne.

Mabille, employé à la Compagnie Générale des Eaux.

Maillfert, sous-brigadier, Octroi de Paris.

Maillot, ouvrier cimentier V. P.

Mainguy, architecte-vérificateur des Travaux du Département.

Malaurie, sous-brigadier à l'Octroi de Paris.

Mallet, rédacteur principal Octroi de Paris.

Malvault, ouvrier Gaz de Paris.

Marchal, électricien C. P. D. E.

Marcille, adjoint technique C. P. D. E.

Mariller, cantonnier V. P.

Marin, employé P. S.

Marodon, sous-ingénieur C. P. D. E.

Martin (Étienne), employé Gaz de Paris.

Martin (Ulysse), contrôleur à la T. C. R. P.

Martinage, employé C. P. D. E.

Martinière, surveillant de travaux de la Ville de Paris.

Marts, employé P. P.

Massart, infirmier à l'Asile de Villejuif.

Masson, porteur de contraintes V. P.

Mathieu, infirmier.

Mauourier, professeur d'éducation physique.

Maurice, chef mécanicien T. C. R. P.

Mayer, expéditionnaire C. P. D. E.

Mayet, mécanicien T. C. R. P.

Mercadier (Mme Vve), employée P. P.

Méry, employé au Crédit Municipal.

Meunier, commis à l'Octroi de Paris.

Meyer, conducteur des Ponts et Chaussées.

Meyer (François), expéditionnaire P. S. (9e mairie).

Mézière, adjoint technique des Travaux de Paris.

Michel (Pierre), infirmier à l'asile de Villejuif.

Michel (Eugène), mécanicien conducteur T. C. R. P.

Michon, surveillant de travaux V. P.

Mignan, dessinateur à la Compagnie des Eaux.

Monfort, électricien C. P. D. E.

Monfumat (de), employé Mairie de Saint-Maur.

Montagne, instituteur, *Administrateur*.

Montel, forgeron T. C. R. P.

Moreau (Alexis), ouvrier Gaz de Paris.

Moreau (Clément), ouvrier Gaz de Paris.

Morel (Paul), employé Gaz de Paris.

Morelle (M**ᵐᵉ**).

Morin (Fernand), architecte-vérificateur (8ᵉ Section).

Morin (Henri), infirmier E. C. F. M.

Morinet, infirmier hospice Paul-Brousse.

Moullérat, commis à la Compagnie des Eaux, *Commissaire de surveillance*.

Mouret, employé E. C. F. M.

Mourret, employé à l'Octroi de Paris.

Muret, employé à la T. C. R. P.

Nagel, inspecteur Gaz de Paris.

Nautré (M⁵⁵), professeur d'enseignement technique.

Navlet (M⁵⁵ V⁵), expéditionnaire à la Préfecture de la Seine.

Navlet fils.

Naxara, chef ouvrier à la C. P. D. E.

Niget, infirmier à l'Asile de Ville-Evrard.

Nivelon (M⁵⁵), infirmière à l'asile de Villejuif.

Noël, commis-principal à la Préfecture de la Seine (Affaires municipales).

Normand (M⁵⁵), dame dactylographe P. S.

Normant, aide-essayeur au bureau de la garantie de la Ville de Paris.

Nourrisson, fumiste, C. G. D. E.

Olive, architecte.

Oliveux, infirmier à l'Asile de Villejuif.

Ollivier, infirmier A. P.

Ory (M⁵⁵), infirmière à la Maison de santé de Neuilly-sur-Marne.

Page, typographe à l'Imprimerie municipale.

Paisant, expéditionnaire P. S.

Pallud (Eugène), buandier, Asile de Maison-Blanche.

Pallud (Hippolyte), menuisier à l'asile de Maison-Blanche.

Panis, commis à l'Assistance publique.

Papin (André), inspecteur à la P. P.

Papin (Frédéric), cuisinier à l'Assistance Publique.

Pardiès, secrétaire adjoint à la Mairie de Clichy.

Parisot, contrôleur T. C. R. P.

Parsoire, employé Gaz de Paris.

Pasquier, directeur de l'Association ouvrière « l'Union des Ouvriers serruriers ».

Pau, machiniste T. C. R. P.

Paul, électricien C. P. D. E.

Payonne, commis dessinateur V. P.

Peccatte, machiniste T. C. R. P.

Pénard, sous-directeur à la Préfecture de la Seine (Direction du Personnel).

Pérotin, commis principal au Crédit Municipal.

Perronnet, brigadier Octroi de Paris.

Perrot, gardien de cimetière.

Petit, surveillant de jardinage à la Ville de Paris.

Pichard, gazier au Service municipal de l'Éclairage.

Picher, instituteur.

Picou, cantonnier V. P.

Pigeon, expéditionnaire Crédit Municipal.

Pileyre, peseur à l'Usine de Colombes.

Pime, rédacteur au Crédit municipal.

Piolé, commis principal à la Préfecture de la Seine (Direction d'Architecture), *Secrétaire du Conseil d'administration.*

Piron, commis principal à la Compagnie Générale des Eaux.

Plagnol, employé au Service de la répression des fraudes.

Poggioli, contrôleur T. C. R. P.

Poireaudeau, machiniste à la T. C. R. P.

Poiret, sous-brigadier Octroi de Paris.

Poirier (Mᵐᵉ), employée au Magasin central des Hôpitaux.

Poli, expéditionnaire P. S.

Polliend, expéditionnaire à la C. P. D. E.

Ponchard, instituteur.

Pontoreau, machiniste T. C. R. P.

Porcher (Mᵐᵉ), femme de service Écoles de la Ville de Paris.

Portalès, expéditionnaire à la Préfecture de police.

Porte (Mᵐᵉ), infirmière à l'Asile de Villejuif.

Pougnaud, employé à la E. C. F. M.

Poupeney, aide à l'Usine de Javel.

Pourkarte, employé Octroi de Paris.

Poutoux, employé à la Compagnie générale des Eaux.

Preyssas, aide-géomètre V. P.

Prou, fort aux Halles centrales.

Quentin, employé Crédit Municipal.

Quigtard, employé à l'A. P.

Raguet, gardien de la paix.

Raikem, employé T. C. R. P.

Raizonville, cantonnier de la Ville de Paris.

Raulle, infirmier à l'hospice de Bicêtre.

Remy, employé à l'Asile de Maison-Blanche.

Renaud, ordonnateur Pompes funèbres.

Renouard (Jules), mécanicien Asile clinique.

Renouard (Jean), receveur à la T. C. R. P.

Rentz, chauffeur à l'Asile de Villejuif.

Revelle, receveur d'octroi à Vanves.

Reviron, employé Gaz de Paris.

Richard, gardien de la paix.
Riou, gardien de bureau P. S.
Robin (Alexandre), infirmier à l'Asile de Villejuif.

Robin (Emile), préposé comptable au Service des Pompes funèbres.

Rodier, ingénieur V. P.

Roger, plombier Gaz de Paris.

Roland, professeur de dessin V. P.

Rondeau, gardien de la paix.

Rondu, brigadier de gardiens de la paix.

Ropart, expéditionnaire P. S.

Rosset, chauffeur C. G. D. F.

Rossi, employé à la Compagnie des Eaux.

Rouet, expéditionnaire à la Préfecture de la Seine.

Rouhaud, receveur à la T. C. R. P.

Roullier, instituteur.

Rousse, infirmier Asile de Villejuif.

Roussel, commis ambulant à l'Octroi de Paris.

Ruquet, chimiste principal à la Ville de Paris.

Saint-Léger, contrôleur Gaz de Paris.

Roy, adjoint technique des Travaux de Paris.

Rumeau, inspecteur à la Compagnie des Eaux.

Saint-Martin, instituteur.

Salmon, sous-chef de bureau à la Préfecture de la Seine.

Salomé, commis dessinateur P. S.

Sardina, commis-dessinateur P. S.

Saulnier, adjoint technique à la C. P. D. E.
Sauvage, ajusteur A. P.
Savignet, secrétaire administratif T. C. R. P.

Schlaegel, gardien de la paix.

Schmitt (Félix), employé Gaz de Paris.

Schmitt (Louis), plombier Gaz de Paris.

Sélince, inspecteur E. C. F. M.

Sellerin, expéditionnaire à l'Octroi de Paris.

Sellier, commis principal A. P.

Séron, ajusteur Gaz de Paris.

Serres, rédacteur principal P. S.

Servin, receveur municipal à Romainville.

Sibert, rédacteur principal P. S.

Siméon, employé C. G. D. E.

Sinjon, (M⁻⁻).

Solignac, surveillant à l'hospice Paul-Brousse.

Stocky, rédacteur principal à la C. P. D. E.

Subra, comptable T. C. R. P.

Tardy, employé à la C. P. D. E.

Tarrin (Auguste), sous-directeur à la Préfecture de la Seine, *Président du Conseil d'administration.*

Tarrin (Gaston), ingénieur.

Tarrin (René), commissionnaire en marchandises.

Tarrin (Auguste), fils, voyageur de commerce.

Tatrix, employé à l'A. P.

Tépénier, employé C. P. D. E.

Thiéry, rédacteur principal Octroi de Paris.

Thomas, instituteur.

Thoumas, infirmier à l'hôpital Laënnec.

Tixier, instituteur.

Tonneaux, receveur d'octroi à Montreuil.

Touzet, employé P. P.

Trannoy, employé Gaz de Paris.

Turo, instituteur.

Turin (Albert), architecte à la Préfecture de Police.

Turin (André), ingénieur de l'Assistance Publique.

Turin (Maurice), architecte.

Turjman (Mme Albert), dame dactylographe P. S.

Turjman (Mme Léon), dame dactylographe P. P.

Vaguet, infirmier à l'hospice de Bicêtre.

Vallet, professeur de chant V. P.

Valuet, expéditionnaire P. S.

Vardelle, boulanger A. P.

Veillon (Mlle), infirmière à Brévannes.

Verdavoine, électricien P. S.

Verdeille, ouvrier Gaz de Paris.

Verrier, adjoint technique à la C. P. D. E.

Viel, boucher à l'hôpital de la Pitié.

Vila (Mme), institutrice.

Villar, receveur, E. C. F. M..

Ville de Paris.

Walocque, instituteur.

Watrin, rédacteur C. P. D. E.

Weiler, employé à la Mairie de Montrouge.

Wetzel, électricien C. P. D. E.

Wiart (Mme), commis à la Préfecture de la Seine.

Wolff (Mme), employée à l'Office départemental de placement.

Wollheim, employé E. C. F. M.

Yvon, professeur d'éducation physique à la Ville de Paris.

Zamith, rédacteur principal à la C. P. D. E.

Zammit, électricien à la C. P. D. E.

Zéder, garçon de recettes au Crédit Municipal.

Zutterling, commis dessinateur à la Ville de Paris.

[stamp: BIBLIOTHÈQUE R F IMPRIMÉS]

IMPRIMERIE CHAIX, RUE BERGÈRE, 20 PARIS. — 3511-4-25. — (Encre Lorilleux).

www.ingramcontent.com/pod-product-compliance
Lightning Source LLC
Chambersburg PA
CBHW070948280326
41934CB00009B/2038